MW01504736

El alcohol de los estados intermedios

The alcohol of intermediates states

© El alcohol de los estados intermedios. Edición bilingüe español/inglés
© Gladys Mendía
© Quinta edición, 2020
© L´alcohol dels estats intermedis,| España | 2011
© El alcohol de los estados intermedios,| Venezuela | 2010
© El alcohol de los estados intermedios,| Brasil | 2010
© Edición original: Editorial El Perro y la Rana | Venezuela | 2009

© Traducción al inglés de Erika Needs
© del epílogo de Diego Rojas Ajmad

LP5 Editora
Colección Lenguas como manglares
Portada, diseño y maquetación Gladys Mendía
mendia.gladys@gmail.com

Fox Island, WA, USA, 2020

LP5
EDITORA

El alcohol de los estados intermedios

The alcohol of intermediates states

Traducción de Erika Needs
Translated by Erika Needs

El alcohol de los estados intermedios

A Marco Antonio

Víctor Sarmiento comprende el tedio.
Deseando la resignación de la ceguera
del cuerpo que tropieza en una casa en llamas
a punto de caer y en la boca
una lengua confusa y atónita

Marcelo Guajardo

PARPADEOS DEL INCENDIO

en el túnel a veces veo la mano
a veces las piernas
y luego salgo a la nieve negra
parpadeo de luces entre ceguera y videncia
parpadea la nieve en las montañas
me encandila el relámpago que salta
me hiere los ojos como hundiéndolos en los vapores oscuros
la nieve es el mar
se le salen los colmillos goteando
quién es uno sino un poco de nieve

el túnel es el parpadeo en sombras
pero veo todo derretirse en sombras
pero veo todo derretirse corriendo

en el túnel intermitente los ojos parecen girar
dar vueltas de ruleta
las ventanas del túnel te permiten cosas
asómate a la ventana

qué es uno sino un asomarse
el viaje comenzó
aunque no te muevas el viaje comenzó
desde las ventanas veo las semillas
que aún no revientan y ya piensan en el fin

el túnel me enseña la voz
aprendo a usarla
cómo será la voz
es negra
es india
es blanca
el túnel es la destrucción lenta
el viaje es la mezcla entre sombras y luces
entre paredes y ventanas
no veré el sol de la voz
pero el viaje ha comenzado

arde el incendio

no sale humo

caen los árboles en silencio

sin cenizas

la verdad es que todo arde

y se ve tan verde

pero arder no es una enfermedad

el sueño es la enfermedad

el delirio es arder con los ojos cerrados

en el fuego está el ritmo

pulso de tamborcillo crepuscular

todo arde sin saber

las invenciones de la voz son chispas feroces

derritiéndose se alza una mano

gesto sin forma ni color

todo arde fríamente

en la cuerda floja donde tambalea el orden

sólo la desobediencia puede salvarnos

los órdenes teóricos están hirviendo

se evaporan

no hay sagradas escrituras

la voz es un momento que será sin territorio

sin atuendos marciales

sin combate cuerpo a cuerpo

sin código de honor

ni orgullo

ni altivez

ni lealtad

ni venganza

destejer

hay que destejer

acabar con el rito

la voz se construye mientras arde fríamente

el intelecto es caricatura

el viaje se ha iniciado

la desarmonía de las partes

la llama de las partes

la fragilidad de las partes

lo tóxico de las partes amamanta a la voz

sólo somos parpadeos con nombres

confinados y finados nombres repitiendo los mismos incendios

caen los pedazos de piel mientras caminamos

y conversamos

y comemos

y dormimos

se nos hace cenizas el nombre

todo arde sin saber

pero a veces uno sabe

o sueña que sabe

se sabe parpadeo

torpe en el viaje

repetitivo en el dibujo

perdido en las ventanas

enfermo de tanto asomarse

EL ALCOHOL DE LOS ESTADOS INTERMEDIOS

el tiempo está en guerra por violencia pura
por saberse infinito y libre
transmitiendo en todos los canales
simultáneamente
el tiempo es dios
es el asma que arde
sí
hay parpadeos en los estados intermedios
el asma es parpadeo
como eslabones líquidos llovemos
a veces se encuentra miel en algunos ojos
pero la miel es el alcohol del incendio

en la caverna llueve hacia adentro

las gotas luchan por ser gotas pero son lluvia

la lluvia es el alcohol de los estados intermedios

las gotas se evaporan

no hay movimiento

la caverna es el espacio sin forma

sin forma ni claridad no hay reflejo

pero todo arde viéndose

el incendio es el parpadeo que esconde el espejo

el instante en que la noche se convierte en día es parpadeo

en los estados intermedios no hay movimiento

el barco tras la bruma es parpadeo

en los estados intermedios no hay movimiento

los ojos que abrazan son parpadeo

en los estados intermedios no hay movimiento

el viaje que aún no llega a destino es parpadeo

en los estados intermedios no hay movimiento

tartamudeos

compulsiones

excesos

fermenta la mezcla sin sabor aún

no hay voz en este sistema

pero vibra

se expande

suspendida en ondas de letras

viaja por el túnel

el alcohol produce chispas entre pureza y matices

pureza límite

dolor

matices abiertos se construyen

los matices son el alcohol de los estados intermedios

en el código original

los difuminados son los que se adaptan

los que se asoman quedando en líneas borrosas al pasar

saben que del metabolismo de todos los discursos se producirá

la voz

con mi nuestro alcohol

con mi nuestra alteridad

me pierdo en los tanteos de la caverna

siempre hay testigos

delatores

jueces

silbidos entre ventana y ventana

por la ausencia de la voz es que movemos las intenciones

no llegamos a sabernos lengua

no sabernos lengua

es el alcohol de los estados intermedios

la voz nos esquiva

el mosaico que heredamos hace siglos se resiste

generaciones lo expulsan

los desplazamientos se construyen

por la ventana escucho la cadencia

todos saben que el alcohol es la voz

la voz es el alcohol del incendio

veo la espuma del incendio bajar por ti

la pesadez de la espuma chocar con las piedras que flotan

voy tan lento que no puedo leer los matices del túnel

será que sientes mi dedo ahí

desde la ventana estiro mi mano

pero voy tan lento

la pureza me rasguña con su límite

le incomoda el asma que arde

el asma que arde es el alcohol de los estados intermedios

si doy un salto por la ventana

si dejo mi dedo ahí

si somos los desenfocados

la voz arde sin saber

las manos arden sin saber pero sienten el alcohol evaporarse

iluminarlo todo en la densidad de los nombres

en el tránsito casi voraz

donde el tránsito casi voraz

es el alcohol del incendio

dentro de la caverna hay un barco

se balancea de miedo

las cuchilladas del mar desafinan el equilibrio

el barco quiere ser mar pero es caverna

segrega una hormona llamada irse

cuando uno se va lo esconde el tiempo

cuando uno no está es que saltó por la ventana

lentamente

como matices desenfocados

el barco se deforma

oscila entre ventana y caverna

parpadea

difuminado sin cenizas del incendio

desaparece por siglos y ahora es lluvia

lluvia como fotografía de la espuma que baja de ti

será que también sientes la voz

como gotas entrando por la caverna

seguimos a la espera del temporal

para que al fin nos arroje por la ventana del barco

entonces la nieve nos clave sus colmillos goteando

la nieve negra que arde sin cenizas

nosotros los desenfocados

los nombrados

los borrosos

se escucha el incendio gritar en las hojas de los árboles

el balanceo del incendio en las hojas de los árboles

el viento sopla para calmar su dolor

el viento no lo sabe

el viento es el alcohol del incendio

a veces olvido que estoy en el túnel cuando veo tu dedo ahí

separo los labios para no herirme

pero ya es tarde

ardes en la lengua sin cenizas

la lengua es dolor cuando la pureza la rodea

el dolor no es el alcohol de los estados intermedios

será que el dolor de los desenfocados es ilusión

será que el dolor de los borrosos es pura ilusión

el viaje es la destrucción lenta

es el relámpago de la nieve que castiga con ceguera estrellada

nada comienza sin que algo termine

pero siempre algo comienza en los estados intermedios

algo que se va sin moverse

burlando el rito

todo arde lógicamente

es el incendio agridulce

nosotros los mangos caídos como estrellas fugaces

en el túnel no hay almohada que sostenga la cabeza

no hay ropa que cubra el cuerpo

no hay golpe que duela

viajar es enterrarse

dar la espalda al cielo

el gas carbónico en los espacios angostos
asfixia a los mangos caídos en el suelo
a los mangos luminosos
el suelo brilla
las señales de reduzca velocidad son en vano
las señales de evite quedar sin combustible son en vano
las señales de evite incendios son en vano

estoy frente al incendio

de espaldas a la voz

la nieve es el mar

es el aullido

quién es uno sino un aullido en silencio

todo arde calculadamente

qué es la voz sino un efecto corrosivo

las semillas van en clanes con vendas en los ojos

la voz se construye lentamente

es la brasa bajo la ceniza

la voz es lo encendido oculto

lo encendido oculto es el alcohol de los estados intermedios no llamo y te digo que soy mío

un extranjero

viudo

huérfano

desfigurado mango caído como una estrella fugaz

somos devorados por la voz

la voz aún no existe

nos sobrevive

nosotros los mangos dislocados sin arquetipo

la fiebre no es fiebre se llama incendio

fértil incendio viudo

la tierra no tiembla

el pulso de los estados intermedios inunda el túnel

nosotros los temperamentales

los desafinados

esperando las mareas de la voz

vimos un caballo blanco con alas sobre la cordillera

subimos por él y no lo encontramos

no encontramos las palabras del incendio

todo arde y se ve tan verde

qué es el incendio sino un efecto exponencial

los murciélagos van de árbol en árbol

vuelan como si no estuvieran ardiendo

parecen vivos

no saben que son llamas

lo peor está pasando

y no lo sabemos

todo arde matemáticamente

se deja ver un segundo

vibrando en alcohol se viene encima

tan desenfocado

tan nombrado

tan borroso

son las rocas ardiendo junto a la cascada ardiendo

me hace llover

duele en los ojos

será que quieres compartir mi lluvia

como mangos cayendo lentamente

como mangos desesperados

EN EL OJO DEL TÚNEL ARDE LA DIMENSIÓN INÉDITA

siento el peso del túnel
sus garras excavando
esas que dejan la página NEGRA
el pecho no puede astillarse más
la mente toma la AUTOPISTA
subiendo escaleras en el aire
el espacio es vacío y negro
cuando tengo el llanto encerrado
una luz eléctrica ILUMINA todo
y me abro en el ojo del túnel

procreo sin semillas

soy tan FERTIL como el aullido del mar

velocidad máx. 90

dicen encienda las luces en el túnel

como si uno ya no estuviera encendido desde siglos

no hay DESVIO

no hay regreso

llamo por el teléfono de emergencia

el túnel mira dentro de su ojo un luminoso cadáver

afino el oído

haré amistad con EL TUNEL

aunque me lije el pecho

haré amistad con el cuerpo

con las emociones

con LA VOZ

comprenderé los gestos y ademanes del incendio

que arde sin saber

asumiré las manos artríticas

inertes ante la carne y la espada

todos saben que me están matando
LENTAMENTE
que las entrañas son mérida
que estos son los años plásticos
donde las semillas son LA TRANSICIÓN
que estos son los años SIN LENGUA
las rocas sangran nieve blanca cuchillera
el ojo del túnel sabe que no ve todo

las pequeñas llamas van corriendo hacia la orilla del mar

las llamas alcoholes derritiéndonos

LENTAMENTE

la sintaxis del incendio es la nieve en el ojo del túnel

siguen abrazados

los mangos siguen abrazados en la dimensión inédita

PRECAUCION CURVA PELIGROSA

sólo se ven las partes

lo que se deja ver por la ventana es suficiente

para envenenarse de amor

LA deFORMACION DEL MATERIAL HUMANO EN EL TÚNEL

un mundo real se derrite corriendo

USE CINTURON DE SEGURIDAD

uno de los mundos ficticios arde fríamente

no hay juicio

ni guía

ni amenaza

ni ayuda

uno cree que elige

lo único omnipresente

es la manipulación de las señales

ALTURA MAX. 2.3

la hora de los murciélagos

es la distracción anestésica en el túnel

CAMINO CONSOLIDADO

nos tratan como conceptos

con delicada simetría enseñan a dejarse llevar

RESPETE LAS SENALES EVITE ACCIDENTES

dicen usted no entra en el mismo túnel dos veces

como si uno fuera el mismo siempre

INFORMACIÓN TURÍSTICA

falta prometer la inmortalidad

y venderla en cápsulas

CAMINO EN CONSTRUCCIÓN

las señales están en todas las partes que se dejan ver

como si ayudaran

como si dijeran algo

MANTENGA LA DISTANCIA

COMIENZO CAMINO SINUOSO

CONDUZCA CON PRECAUCIÓN

DISFRUTE EL PAISAJE

ACAMPE SÓLO EN LUGARES AUTORIZADOS

CUIDADO HIELO EN LA CALZADA

EVITE ENCANDILAR

PROHIBIDO SEGUIR ADELANTE

TRÁNSITO PESADO POR CANAL DERECHO

PROHIBIDO PASAR SIN DETENERSE

SR. CONDUCTOR

MANEJE A LA DEFENSIVA

FIN CAMINO SINUOSO

EL TRÁNSITO DEL ALFABETO

la autopista piensa que tiempo y muerte

son el mismo dios

siente la gravedad de los cuerpos

y decide ser río

ahora nada le pesa

ni las rocas

ni los peces

ni las plantas

desde el fondo se ve a sí misma

corriendo en su humor alcoholado

comprende la mentira de la transparencia

la transparencia es ilusión

le dice el polvillo acumulado

que ella respira sin ver en la oscuridad

escucha palabras que entreabren algunas ventanas

siente que nada está en su lugar

no hay sistema

no hay sentido

no hay niveles ni formas

no hay orden

lo que hace despegar es el vacío

el alfabeto como un pasaje sin destino

el transitar erróneo de los sonidos de una lengua a otra

porque no es posible escuchar

porque es la ilusión de los borrosos escuchar

el alfabeto en tránsito es la ruleta rusa

la autopista cuando es río se libera del juego

The alcohol of intermediates States

Translated by Erika Needs

To Marco Antonio

Victor Sarmiento understands the tedium.
Wishing the resignation of the blindness
of the body that stumbles in a burning
house about to fall and in the mouth
a confused and astonished tongue

Marcelo Guajardo

BLINKS OF THE FIRE

in the tunnel sometimes I see the hand

sometimes the legs

and then I get out into the black snow

blink of lights between blindness and vision

the snow blinks in the mountains

the lightning that jumps blinds me

it hurts my eyes lik drowning them in the dark steam

the snow is the sea

its fangs come out dripping

what is someone but a little bit of snow

the tunnel is the blink in shadows

but I see everything melt running

in the intermittent tunnel the eyes seem to turn

give roulette turns

the windows of the tunnel allow you things

look out the window

what is someone without leaning out?

the journey has begun

even when you don't move the journey has begun

from the window I can see the seeds

that haven't burst yet and already think of the end

the tunnel teaches me the voice

I learn how to use it

how will the voice be?

it's black

it's Indian

it's white

the tunnel is the slow destruction

the journey is the blend between shadows and lights

between walls and windows

I won't see the sun of the voice

but the journey has begun

the fire burns

smoke doesn't come out

the trees fall in silence

without ashes

the truth is that everything burns

and looks so green

but to burn is not a sickness

the delirium is to burn with your eyes closed

the rhythm is in the fire

pulse of the twilight drum

everything burns without knowing

the inventions of the voice are fierce sparks

melting a hand rises

gesture without shape or color

everything burns coldly

in the tightrope where the order falters

only the disobedience can save us

the theoretical orders are boiling

they evaporate

there are no sacred scriptures

the voice is a moment that will be without territory

without martial attires

without body to body combat

without honor codes

or pride

or haughtiness

or loyalty

or vengeance

unravel

need to unravel

end with the rite

the voice is built while it burns coldly

the intellect is caricature

the journey has begun

the disharmony of the parts

the flame of the parts

the fragility of the parts

the toxic parts breastfeed the voice

we are just blinks with names

confined and fined names repeating the same fires

skin pieces fall as we walk

and we talk

and we eat

and we sleep

our names turn to ashes

everything burns without knowing

but sometimes you know

or dream you know

what it known as blink

blundering in the journey

repetitive in the drawing

lost in the windows

sick of peeking so much

THE ALCOHOL OF INTERMEDIATES STATES

time is at war with pure violence

by knowing infinite and free

transmitting in all channels

simultaneously

the time is god

is the asthma that burns

yes

there are blinks in the intermediate's states

the asthma blinks

like liquid links we rain

sometimes honey is found in some eyes

but the honey is the alcohol of the fire

in the cavern it rains inwards

the drops fight to be drops but they are rain

the rain is the alcohol of the intermediate's states

the drops evaporate

there is no movement

the cavern is the space without shape

no shape or clarity there is no reflection

but everything burns watching itself

the fire is the blink that hides the mirror

the moment in which the night becomes day is a blink

in the intermediates states there is no movement

the ship behind the mist is blink

in the intermediate states there is no movement

the eyes that hug me blink

in the intermediate states there is no movement

the journey that hasn't arrive yet blinks

in the intermediate states there is no movement

stuttering

compulsions

excesses

ferments the mixture without taste yet

there is no voice in this system

but it vibrates

it expands

suspended in letter waves

it travels through the tunnel

the alcohol produces sparks between the purity and nuances

purity limit

pain

open nuances are constructed

the nuances are the alcohol of the intermediate's states

in the original code

the blurred are the ones that adapt

the ones that lean outstaying in blurry lines while passing

know that from the metabolism of all the speeches the voice will

be produced

with my our alcohol

with my our otherness

I get lost in the scores of the cavern

there are always witnesses

informers

judges

whistles between window and window

because of the absence of the voice is that we move the

intentions

we don't get to know the tongue

we don't know that the tongue is the alcohol of the

intermediate's states

the voice eludes us

the mosaic that we inherit centuries ago resists

generations eject him

the displacements are built

through the window I hear the cadence

everyone knows that the alcohol is the voice

the voice is the alcohol of the fire

I see the foam of the fire descend for you

the heaviness of the foam crashing with the stones that float

I go so slow that I can't read the nuances of the tunnel

could it be that you feel my finger there?

from the window I stretch my hand

but I go so slow

the purity scratches me with its limit

its bothers are the asthma that burns

the asthma that burns

is the alcohol of the intermediate's states

if I take a leap off the window

if I left my finger there

if we are the unfocused

the voice burns without knowing

the hands burn without knowing

but they feel the alcohol evaporate

light it all up in the density of the names

in the almost voracious transit

where the transit is almost voracious

is the alcohol of the fire

inside of the cavern there is a ship

it swings of fear

the stabs of the sea untune the balance

the ship wants to be sea but it's cavern

secretes a hormone called going

when one goes the time hides it

when someone is not here

it's because they jumped out of the window

slowly

like unfocused nuances

the ship deforms

ranges between window and cavern

blinks

blur without ashes of the fire

disappears for centuries and know its rain

rain as a photograph of the foam that descends from you

could it be that you feel the voice too?

like drops entering the cave

we're still awaiting what is seasonal

so that at the end it throws us out of the window of the ship

then the snow sticks its fangs dripping

the black snow that burns without ashes

we the unfocused

the named

the blurry

you can hear the fire scream in the leaves of the trees

the swinging of the fire in the leaves of the trees

the wind blows to ease its pain

the wind doesn't know it

the wind is the alcohol of the fire

sometimes I forget I'm in the tunnel when I see your finger

there

I separate the lips so I don't get hurt

but it's too late now

you burn in the tongue without ashes

the tongue is the pain when the purity surrounds it

the pain is not the alcohol of the intermediate states

is it that the pain of the unfocused is illusion?

is it that the pain of what is blurred is pure illusion?

the journey is the slow destruction

is the lightning of the snow that punishes with starry blindness

nothing starts without something that ends

but something always starts in the intermediate's states

something that leaves without moving

mocking the rite

everything burns logically

it is the bittersweet fire

we like fallen mangoes like falling stars

in the tunnel there is no pillow that holds the head

there are no clothes that can cover the body

there is no punch that hurts

to travel is to bury yourself

to turn your back to the sky

the carbonic gas in the narrow spaces

smother the fallen mangoes on the floor

the illuminated mangoes

the floor shines

the signals to reduce speed are in vain

the signals to avoid fires are in vain

I'm in front of the fire

with my back turned to the voice

the snow is the sea

is the howling

what is one but a howling in silence

everything burns calculatedly

what is the voice but a corrosive effect?

the seeds go in clans with blindfolds

the voice is built slowly

is the ember under the ash

hidden is the voice lit

the hidden voice lit

is the alcohol of the intermediates states

I don't call you and tell you I am mine

a foreigner

widower

orphan

disfigured mango fallen like a shooting star

we are devoured by the voice

the voice does not exist yet

survives us

we the dislocated mangoes without archetype

the fever is not a fever it's called a fire

widower fertile fire

the land doesn't tremble

the pulse of the intermediate states floods the tunnel

we the temperamental

the out of tune

waiting for the tides of the voice

we saw a white horse with wings over the range

we climbed for him and we didn't find him

we didn't find the words of the fire

everything burns and looks so green

what is the fire but an exponential effect?

the bats go from tree to tree

they fly as they weren't on fire

they seem alive

they don't know they are flames

the worst is happening

and we don't know it

everything burns mathematically

it lets itself be seen for a second

vibrating in alcohol it comes up

so unfocused

so named

so blurry

are the rocks burning next to the waterfall burning?

it makes me rain

it hurts in the eyes

is it that you want to share my rain?

like mangoes falling slowly

like desperate mangoes

IN THE EYE OF THE TUNNEL THE UNPRECEDEND DIMENSION BURNS

I feel the weight of the tunnel

its claws digging

those that leave the page in BLACK

the chest cannot splinter anymore

the mind takes the FREEWAY

climbing stairs in the air

the space is empty and black when I have the crying locked

an electric light ILLUMINATES everything

and I open myself in the eye of the tunnel

I procreate without seeds

I am as FERTILE as the howling of the sea

max. speed 90

they say switch the lights on in the tunnel as if we weren't lit

from centuries ago   there is no DEVIATION

there is no coming back

I call over the emergency phone

the tunnel takes a look inside its eye and sees a luminous corpse

I tune the ear

I'll become friends with THE TUNNEL although it sanded my

chest

I'll become friends with the body

with the emotions

with THE VOICE

I'll comprehend the gestures and the indications of the fire that

burns without knowing

I'll assume the arthritic hands

that don't close before the meat or the sword

everybody knows I'm being killed

SLOWLY

that the guts are Mérida

that these are the plastic years where the seeds are THE

TRANSITION

that these are the TONGUELESS years

the rocks are bleeding white cutlery snow

the eye of the tunnel knows it doesn't see everything

the little flames go running towards the shore

the alcohol flames melting us

SLOWLY

the syntax of the fire is the snow in the eye of the tunnel

still hugging

the mangoes are still embracing in the unprecedent dimension

CAUTION DANGEROUS CURVE

only parts are shown

what can be seen through the window

is enough to be poisoned of love

THE deFORMATION OF HUMAN MATERIAL IN THE TUNNEL

a real-world melts running

USE THE SEATBELT

one of the fictional worlds burns coldly

there is no judgement

or guidance

or menace

or help

you think you choose

the only omnipresent

is the manipulation of the signs

MAX. HEIGTH 2.3

the time of the bats

is the anesthetic distraction in the tunnel

CONSOLIDATED ROAD

they treat us as concepts

with delicate symmetry they teach how to let go

RESPECT THE SIGNS AVOID ACCIDENTS

they say *you don't enter in the same tunnel twice*

as if you were the same always

TOURISTIC INFORMATION

they want to promise immortality

and to sell it in capsules

ROAD UNDER CONSTRUCTION

the signs are all over the parts that let themselves be seen

as if they helped

as if they told something

KEEP THE DISTANCE

DRIVE WITH CAUTION

ENJOY THE LANDSCAPE

CAMP ONLY IN AUTHORIZED PLACES

SLOW DANGEROUS INTERSECTION

AVOID LIGHTING

PROHIBITED FROM GOING FORWARD

NO TURN ON RED

FORBIDDEN PASS WITHOUT STOPPING

FOREST DO NOT FIRE

WRONG WAY GO BACK

ROAD END

THE TRANSIT OF THE ALPHABET

the freeway thinks that time and death

are the same god

it feels the gravity of the bodies

and decides to be a river

now nothing weights

not even the rocks

not even the fish

not even the plants

from the bottom it sees itself

running in its alcoholate humor

it comprehends the lie of the transparency

the transparency is illusion

says the accumulated dust

that it breaths without seeing in the dark

it hears words that half open some windows

it feels that nothing is in its place

there is no system

there is no sense

there are no levels or ways

there is no order

what it makes to take off is the void

the alphabet as an aimless landscape

the erroneous travel of the sounds from one tongue to another

because it's not possible to listen

because it's the illusion of the fogged to listen

the alphabet in transit is the Russian roulette

the freeway when it's a river it sets itself free

from the game

Agradecimientos eternos a mi querida hija Erika por entrar en los estados intermedios y crear la versión al inglés abriendo nuevos caminos por transitar.

EPÍLOGO

La materia del descenso
Catábasis y anábasis en la poesía de Gladys Mendía

Diego Rojas Ajmad
rojasajmad@gmail.com

La obra poética de Gladys Mendía (Venezuela, 1975) inicia el año 2009 con la publicación de *El alcohol de los estados intermedios* (El Perro y la Rana, Venezuela). Ese mismo año, en Perú, sale a la luz el segundo de sus libros, *El tiempo es la herida que gotea* (Paracaídas Editores). A partir de ese momento, y año tras año, Mendía irá conformando un sólido conjunto de poemarios, entre los que se cuentan *La silenciosa desesperación del sueño* (2010, Paracaídas Editores, Perú), *La grita, confusión de voces* (2011, Homo Scriptum Editores, México) e *Inquietantes dislocaciones del pulso* (2012, Color Pastel, Argentina). Tras un silencio de seis años, Mendía continúa su búsqueda del decir poético con la publicación de *El cantar de los manglares* (2018, Ediciones Filacteria, Chile), *Desde la ventana del sótano* (2021, LP5 Editora, Estados Unidos), *Telemática. Reflexiones de una adicta digital* (2021, LP5 Editora, Estados Unidos) y, su más reciente título, *LUCES ALTAS, luces de peligro* (2022), que recoge poemas escritos entre los años 2006 y 2021.

Estos nueve poemarios, en donde se aprecia el minucioso y exigente trabajo con la palabra, han tenido varias reediciones, tanto en América como en Europa, y se han hecho de ellos traducciones al sueco, catalán, francés, italiano, portugués e inglés. Sin lugar a dudas, el oficio constante de lectura y escritura de Mendía (cimentado además por su labor como editora en LP5) han hecho de su poesía una de las más interesantes propuestas literarias en la Venezuela de este primer cuarto de siglo.

Así lo atestiguan diversos trabajos críticos que han sopesado la obra de la escritora venezolana y, además, han intentado descifrar una posible poética, caracterizada, según han dicho muchos de ellos, por una constante invitación a la reflexión y al asombro del vivir.

En ese sentido, se ha leído *El alcohol de los estados intermedios* (2009) y *La silenciosa desesperación del sueño* (2010) como metáforas de la autopista, del accidente y el viaje. Valeria Zurano dijo, por ejemplo:

> «La gran metáfora de la autopista se abre para llevarnos a un recorrido donde aparecen percepciones de la realidad, reflejos del cemento, túneles infinitos que nos conducirán a una reflexión profunda y controvertida acerca del sentido que tienen, en esta frágil realidad, la existencia del ser y los objetos» (Zuriano, 2009: 6).

Algo semejante dijeron Freddy Ñáñez (2010), Miladis Hernández Acosta (2021), Jorge Vicente (2021) y Emma Pedreira (2022), entre muchos otros, quienes destacaron la imagen de la carretera presente en esos primeros poemarios de Mendía como representación sublimada de la existencia, donde la vida se desplaza entre distintos senderos poblados de azares.

El escritor venezolano Jairo Rojas Rojas encontró un tema similar al de la tragedia del existir en el poemario Inquietantes dislocaciones del pulso, publicado por Mendía en el año 2012, en Argentina, obra dedicada a las madres de la plaza de Mayo:

> «Que el libro "Inquietantes dislocaciones del pulso" de Gladys Mendía esté dedicado a las Madres de Plaza de Mayo no es un dato menor; todo lo contrario, esta línea inicial es el eje

temático alrededor del cual se mueven los poemas, avisando de la intensidad que encontraremos en la lectura y prefigurando con ese afecto un lenguaje sostenido en un admirable equilibrio entre la voz íntima y la empatía por el otro; o las otras, las madres y su dolorosa historia que sigue removiendo. Las grandes catástrofes personales, y también las históricas, se reconocen por el silencio estupefacto que dejan en su estela, como una emoción que exige otro lenguaje al común para poder transmitir su esencia. (Rojas Rojas, 2020: 37).

Quizás fue Daniel Arella el primero que leyó en conjunto los distintos poemarios de Gladys Mendía y, ante la totalidad de la obra, pudo percibir en ellos una constante, un eje temático que los atravesaba. En su nota crítica sobre *La grita, confusión de voces*, del 2011, texto inspirado en Las moradas del castillo interior de Santa Teresa de Ávila, Arella describió la figura que se formaba al juntar las distintas obras de la escritora venezolana:

«Es muy propio de la poética de Gladys circunscribir una reflexión filosófica desde lo fulminante de **situaciones límites**. Así como en los libros *El alcohol de los estadios intermedios* (2009) y *La silenciosa desesperación del sueño* (2010) –que ronda en torno al accidente automovilístico y una meta ironía del peligro– nos adentramos en un lirismo de sintaxis caleidoscópica por el empleo de la reiteración, como motivo ante la imposibilidad de alcanzar un lenguaje que no se vaya quebrando como si enfermara o se curara a sí mismo de sí mismo». (Arella, 2020: 71-72. Negrillas nuestras).

Aunque Arella pone el énfasis en el aspecto del lenguaje, en las tensiones que la autora ejerce sobre su expresión para poder nombrar lo que le hiere, de soslayo también menciona un elemento que se muestra como un motivo de mayor trascendencia en la poética de Gladys Mendía, un hilo de Ariadna que une toda su obra: las «situaciones límite».

La expresión «situación límite», es sabido, se origina desde los postulados de la filosofía existencialista, particularmente a partir de la obra de Karl Jaspers (1883-1969), y con ella se designa a aquellos eventos trágicos que son inherentes a la vida y con los cuales, luego de su aceptación, logramos reafirmar nuestra condición y existencia:

«Son situaciones de las que no podemos escapar y que tampoco podemos alterar. La conciencia de estas situaciones es, después del asombro y la duda, el origen aún más profundo de la filosofía. En la vida cotidiana tratamos de esquivarlas cerrando los ojos y actuando como si no existieran. Olvidamos que todos tenemos que morir, olvidamos nuestra culpa. Olvidamos nuestra dependencia de la casualidad. Sólo nos enfrentamos a situaciones concretas que modificaremos según conveniencia y frente a las cuales reaccionaremos según los patrones de conducta impulsados por nuestros intereses vitales. Frente a las situaciones-límite, en cambio, reaccionamos o bien ocultándolas en la medida de lo posible o, cuando las percibimos realmente, con desesperación y con la reconstitución. Nos convertimos en nosotros mismos a través de una transformación de la conciencia de nuestro ser». (Jaspers, 1989: 25).

Así, ante la muerte, el sufrimiento, la lucha, la culpa o la contingencia del azar, los seres humanos tenemos la ocasión de trascender de nosotros mismos, de aferrarnos a la existencia y obtener otra consciencia luego de asumir esa experiencia límite y pensarla adecuadamente. En la poesía de Gladys Mendía estas situaciones límite se presentan siempre en forma de caída, de descenso, de un salto a través de la ventana, para luego, desde ese abismo, resurgir con otra actitud y consciencia. Se enfrenta a la tragedia para reconstituirse y reafirmar su ser.

Por ejemplo, en *El alcohol de los estados intermedios* (2010) — que recuerda a la estructura de Altazor de Vicente Huidobro, obra también de la caída y del descenso—, allí encontramos varios versos en donde esa imagen concreta de la situación límite se manifiesta de forma reiterada:

«seguimos a la espera del temporal
para que al fin nos arroje por la ventana del barco
entonces la nieve nos clave sus colmillos goteando
la nieve negra que arde sin cenizas
nosotros los desenfocados
los nombrados
los borrosos» (p. 24).

«...será que quieres compartir mi lluvia
como mangos cayendo lentamente
como mangos desesperados» (p. 36).

Quizás no sea una casualidad que, en la edición bilingüe del 2021 de *El alcohol de los estados intermedios*, la autora haya agregado una cita de Byung-Chul Han con la cual se intenta destacar lo efímero y lo discontinuo de la existencia; es decir, el azar que origina la situación límite planteada por Jasper. La cita de Han es la siguiente:

«No son elegantes ni bellas las cosas que persisten, subsisten o insisten. Bello no es lo que sobresale o destaca, sino lo que se retrae o cede; bello no es lo fijo, sino lo flotante. Bellas son cosas que llevan las huellas de la nada, que contienen en sí los rastros de su fin, las cosas que no son iguales a sí mismas. Bella no es la duración de un estado, sino la fugacidad de una transición. Bella no es la presencia total, sino un aquí que está recubierto de una ausencia, que por el vacío es menor o más ligero. Bello no es lo claro o lo transparente, sino lo que no está delimitado nítidamente, lo que no está diferenciado claramente, pero que hay que diferenciar de lo difuso». (Mendía, 2021: 10).

El siguiente poemario, *La silenciosa desesperación del sueño* (2010), puede leerse como una continuación del viaje y de la caída plasmados con anterioridad en *El alcohol de los estados intermedios*, pero esta vez desde un registro irónico, pues la autopista misma se presenta como un sujeto humanizado, que constantemente reflexiona sobre su ser y quehacer:

«los barrancos y su belleza
por qué no vamos hacia el barranco» (p. 27).

«la autopista no sabe que todo es un gran barranco disfrazado» (p. 28).

«el tiempo son las minúsculas partes soñando que flotan
se creen transparentes
creen que vuelan
pero es la antesala a la caída» (p. 31).

Es importante señalar que el título de este segundo poemario presenta al sueño como una salida al estado de angustia, como ese «cerrar de ojos» que mencionó Jaspers y que nos permite esquivar temporal y vanamente la tragedia. Usualmente se asume que el soñar (tanto el sueño fisiológico como el ensoñamiento), esa ilusión, es un descanso que hace volver a la calma, que nos permite un hiato en la existencia para volver al día siguiente como si nada hubiese pasado, pero en realidad solo es la continuación de la caída, la angustia, el fracaso, la pérdida, la muerte que llegará tarde o temprano y que seguirán allí mientras no se asuma la situación límite.

Luego, en el año 2011, Mendía publicó *La grita, confusión de voces* (2020). Este poemario tiene como hipotexto a *Las moradas del castillo interior* de Santa Teresa de Ávila (1515-1582), obra de la mística española donde se representa el alma como un castillo de cristal, de siete moradas, que deben ir alcanzándose, en ascenso, para lograr la comunión con Dios. Mendía emplea la misma metáfora de los escalones que usó Santa Teresa y, tras la subida de los siete peldaños, hace su aparición la caída:

«ruedo por el piso en vueltas de canela
conozco bien cada astilla hundiéndose en la espalda
quisiera encontrar el silencio
quisiera
pero no sé» (p. 14).

«estaba pensando hermanitas en la nieve
los cristales estallando
nosotras cayendo como rosas de hielo sobre los charcos
hay tantos cuartos como latidos
hay tantas ventanas como espejos
el viento se enfurece con las cortinas
los portarretratos
las figuras del armario y caen
caen porque todo cae
finalmente» (p. 16-17).

En el poemario del 2012, titulado *Inquietantes dislocaciones del pulso* (2020), también encontramos numerosas referencias a la caída, incluso desde el primer texto, «Dislocación anatómica de los grafitis»; pero es en el último poema, «Sobrevolando el subterráneo crujir del río», donde las imágenes se presentan de forma aún más potente:

> «no hay nada más terreno que un río arrastrando sus aguas arrastrando sus burbujas   llevando las piedras huesos a cuestas el río muerte que nunca descansa   de agua dulce pero frío no es la inclinación de la tierra la que hace que el río baje   el río baja porque tiene que bajar   buscar su caída» (p. 22).

> «la lengua de los finados son las burbujas del río por eso no hay tiempo en su CAER   un día tragué tanta agua que mi cuerpo contenía la pesada muerte arrastrándose   después era una burbuja tragada por un pez y subí contracorriente subí al profundo donde las piedras huesos son nubes sobrevolando el subterráneo crujir del río» (p. 23).

Por último, en su más reciente obra, *LUCES ALTAS, luces de peligro* (2022), Mendía nos ofrece una mayor consciencia del tema de la caída al titular la segunda parte del libro como «La materia del descenso». Esta parte está precedida por tres epígrafes, uno de Rimbaud («La vida es la farsa / que hay que sacar adelante entre todos»), otro de Gérard de Nerval («A pesar de todo, me siento feliz por las convicciones que he adquirido, y comparo esta serie de pruebas que he sufrido a lo que los antiguos significaba la idea de un descendimiento a los infiernos») y otro de Bob Dylan («Detrás de cada belleza ha habido siempre algún dolor»). Con ellos se anuncia al lector el tema de la situación límite expresada a través del motivo de la caída:

el tiempo es la morada del rito
me pierdo y desgasto en el tiempo
me realizo en la corta vida de las sombras

leo las piedras   el polvo   la palmera y el caos
crear es equivocarse   de error en error
se construye la voz   río nacido de la tormenta
y la caída (p. 55).

Es evidente que el motivo de la caída y el posterior ascenso es fundamental en la poesía de Gladys Mendía. La presencia de este motivo es constitutiva de su poética y le hace tejer vínculos con una tradición de la literatura universal, con obras que van desde el *Gilgamesh, Odisea, Eneida, Divina Comedia, Don Quijote de La Mancha*, los poemas de San Juan de la Cruz y Santa Teresa de Ávila, entre muchos otros, textos hermanados por la existencia de un «héroe» o voz poética que lo pierde todo, que cae en un estado de absoluta merma de todo aquello que había ganado, de todo lo bello, de la armonía, de la paz... y en ese estado terrible se hace las preguntas fundamentales, accede a experiencias en las que aprende muchas cosas, adquiere sabiduría o al menos un entendimiento mayor, amplio, de la vida. En fin, se da cuenta de que para ganar hay que saber perder.

Dicho de otra forma, la poesía de Gladys Mendía está atravesada por el motivo de la anábasis y la catábasis.

Estas dos palabras de origen griego son parte cardinal en la estructura de todo relato del héroe. Así, es usual encontrar en la mayoría de las obras literarias que el protagonista descubre (o le hacen saber) que su existencia no está completa y que para remediar esta situación debe ir en busca de aquello que no tenía (un objeto, una persona, un saber...). En ese trayecto (real o simbólico), con tropiezos y victorias, el héroe finalmente se hará con lo buscado, para luego regresar a su punto de origen siendo otra persona (Villegas, 1978).

La catábasis hace referencia a una de las fases de ese viaje, al descenso, a la caída, al hallarse en un lugar o estado donde se enfrentan los horrores, propios y ajenos, para luego subir (anábasis) y encontrar finalmente a la sabiduría, a la nueva vida. Conocido también como «viaje o descenso a los infiernos», este motivo ha tenido una larga tradición que ha sido analizada por diversos investigadores, entre los que podemos destacar a Pilar González Serrano (1999), quien con su trabajo «Catábasis y resurrección» reconstruye las manifestaciones del mito en la cultura antigua, y también el de Ángel Vilanova (1993), con Motivo clásico y literatura latinoamericana, texto profundo y sugerente de ideas que va tras los rastros del motivo del descenso al Averno en obras de la literatura latinoamericana como Adán Buenosayres (1948) de Leopoldo Marechal, Pedro Páramo (1955) de Juan Rulfo y Cubagua (1931) de Enrique Bernardo Núñez.

A esa tradición de la catábasis y la anábasis, que Northrop Frye (1968) consideró como «the framework of all literature», es la que hallamos en la obra poética de Gladys Mendía, con sus propias transformaciones y variaciones, dándonos un sujeto lírico que traza su camino de trascendencia en medio de las tragedias de nuestro tiempo y que tiene en la escritura un arma de doble filo, un «caballo de Troya de la vida» (Mendía, 2022: 73), que le permite ser y que a la vez le marca límites ante lo que desea decir y no puede.

Referencias Bibliográficas:

-Arella, Daniel (2020) "Los peldaños de La grita". En: Mendía, Gladys. La grita, confusión de voces. Edición bilingüe español / inglés. Tercera edición. Fox Island, EE.UU.: LP5 Editora.

-Frye, Northrop (1968) The Educated Imagination. Bloomington: Indiana University Press.

-González Serrano, Pilar (1999) "Catábasis y resurrección". En: Espacio, Tiempo y Forma, Madrid, II, 12: 129-179.

-Hernández Acosta, Miladis (2021) "Sin título". En: Mendía, Gladys. O desespero silencioso do sonho. Fox Island, EE.UU.: LP5 Editora.

-Jaspers, K. (1989) Introducción a la filosofía. Barcelona: Círculo de Lectores.

-Mendía, Gladys. (2010) La silenciosa desesperación del sueño. Lima: Paracaídas editores.

-_____. (2010) El alcohol de los estados intermedios. Fortaleza, Brasil: Coleção de Areia.

-_____. (2020) La grita, confusión de voces. Edición bilingüe español / inglés. Tercera edición. Fox Island, EE.UU.: LP5 Editora.

-_____. (2020) Inquietantes dislocaciones del pulso. Edición especial. Fox Island, EE.UU.: LP5 Editora.

-_____. (2021) El alcohol de los estados intermedios. Séptima edición, bilingüe. Fox Island, EE.UU.: LP5 Editora.

-_____. (2022) LUCES ALTAS, luces de peligro. Fox Island, EE.UU.: LP5 Editora.

-Ñáñez, Freddy (2010) "Lo huido y lo permanente en los alcoholes de los estados intermedios". En: Mendía, Gladys. El alcohol de los estados intermedios. Fortaleza, Brasil: Coleção de Areia.

-Pedreira, Emma (2022) "120 km/h". En: Mendía, Gladys. LUCES ALTAS, luces de peligro. Fox Island, EE.UU.: LP5 Editora.

-Rojas Rojas, Jairo (2020) "Dislocar el lenguaje". En: Mendía, Gladys. Inquietantes dislocaciones del pulso. Edición especial. Fox Island, EE.UU.: LP5 Editora.

-Vicente, Jorge (2021) "Prefacio. Uma flor de barranco". En: Mendía, Gladys. O desespero silencioso do sonho. Fox Island, EE.UU.: LP5 Editora.

-Vilanova, Ángel (1993) Motivo clásico y literatura latinoamericana (El viaje al Averno en Adán Buenosayres, Pedro Páramo y Cubagua). Mérida: Solar.

-Villegas, Juan (1978) La estructura mítica del héroe. Barcelona: Planeta.

-Zuriano, Valeria (2009) "Sin título". En: Mendía, Gladys. La silenciosa desesperación del sueño. Lima: Paracaídas editores.

Gladys Mendía (Venezuela, 1975) Técnico Superior Universitario en Turismo. Licenciatura en Letras. Traductora del portugués al castellano; contando entre sus trabajos más resaltantes, la antología poética de Roberto Piva titulada *La catedral del desorden* (ARC Ediçōes, 2017). Fue becaria de la Fundación Neruda (Valparaíso, Chile) en el año 2003. Participó en el Taller de creación poética con Raúl Zurita (Café Literario de Providencia, Santiago de Chile 2006). Ha publicado en diversas revistas literarias, así como también en las *Memorias del Primer Festival Internacional y Popular del Libro 2007*, Bogotá, Colombia; en la *Antología El Hacer de las Palabras, San Juan, Argentina 2007*; en la *Antología El Mapa no es el Territorio*, Editorial Fuga, Valparaíso, Chile 2007; en la compilación bilingüe *51 autores contemporáneos*, Ediciones Arcoíris, Francia 2008; en la *Antología Tránsito de Fuego*, Editorial de la Casa de las Letras Andrés Bello, Caracas, Venezuela 2008, en la *Antología del Encuentro Latinoamericano de Mujeres Poetas Conrimel*, Santiago, Valparaíso, Chile 2010; en las *Memorias del IV Festival Internacional de Poesía Joven "Ileana Espinel Cedeño"* 2011, Guayaquil, Ecuador; en la *Antología de la poesía latinoamericana 1965-1980* realizada por Mario Meléndez y en la *Antología Cajita de música* (AEP, Madrid, España, 2011) realizada por Augusto Rodríguez. Sus libros: *El tiempo es la herida que gotea*, Paracaídas Editores, Lima, Perú, 2009; *El alcohol de los estados intermedios*, Editorial El Perro y la Rana, San Cristóbal, Venezuela, 2009, teniendo una segunda edición en 2010 por la Fundación Editorial Fundarte, Caracas, Venezuela; *La silenciosa desesperación del sueño*, Paracaídas Editores, Lima, Perú, 2010; *La grita*, Homo Scriptum Editores, México y El Barco Ebrio, Estados Unidos, 2011; *Inquietantes dislocaciones del pulso*, Colección Vaca&Porruda, Color Pastel-Fanzine de Poesía #7, Buenos Aires, Argentina, 2012, en el 2014 en el Pliego de Poesía de la revista La Colmena, Toluca, México y por Trizadura Ediciones en Santiago de Chile, 2018. Su más reciente libro *El cantar de los manglares*, Ediciones Filacteria, Santiago de Chile, 2018, fue también publicado en inglés *The singing of the mangroves*, por Carnaval Press, Londres UK, 2019. Ha sido traducida al catalán, portugués, inglés, sueco y francés e italiano. Es corresponsal de la Revista Internacional de Teatro y Literatura Alhucema, Granada, España. Es editora fundadora de la Revista de Literatura y Artes LP5.cl, el blog http://lp5blog.blogspot.com/ y la editorial https://lp5editora.blogspot.com/ desde el año 2004. Co fundadora de la *Furia del Libro*. Como editora ha desarrollado doce colecciones de poesía en las que se han destacado las antologías binacionales y bicontinentales.

Erika Needs (Venezuela, 1993) Técnico en Administración. Canta autora residente en Chile. Su EP: *Universos paralelos* (2019) está disponible en Spotify, Deezer y otras plataformas digitales.

Diego Rojas Ajmad (Venezuela, 1974) Doctor en Letras por la Universidad de Los Andes. Profesor de la Universidad de Guayana y de la Universidad Católica Andrés Bello. Es autor de varios libros y artículos relacionados con la historia, la teoría y la crítica literarias. Entre sus libros se cuentan: Mundos de tinta y papel. La cultura del libro en la Venezuela colonial (USB, Editorial Equinoccio, 2007), Estampitas merideñas (Instituto Merideño de la Cultura, 2010), Revista Válvula: edición facsimilar (ULA, 2011), Estampitas guayanesas (UNEG, 2016), Para una historia literaria desde la complejidad. La historiografía de la literatura venezolana y sus tramas (Editorial Académica Española, 2017) y Posciudades. Manual de uso para ciudadanos nostálgicos y esquizofrénicos (UCV, 2017), Revista Cantaclaro:

edición facsímil (ULA, 2023), entre otros. En el 2006 ganó el premio único de la Bienal Latinoamericana de Ensayo Enrique Bernardo Núñez. En el 2007, el concurso "Cuentos sobre rieles" y en el 2017 obtuvo el primer lugar en el premio de ensayo "Caracas 1567-2017". Es columnista de Prodavinci y del Correo del Caroní.

LP5
EDITORA

http://lp5.cl/

http://lp5blog.blogspot.com/

https://lp5editora.blogspot.com/

http://lp5.cl/

@lp5editora

Sus libros con LP5 Editora disponibles en Amazon:

El alcohol de los estados intermedios.
Edición bilingüe español/inglés

La silenciosa desesperación del sueño.
Edición bilingüe español/francés

Inquietantes dislocaciones del pulso.
Edición especial

La grita.
Edición bilingüe español/inglés

Le chant des mangroves

The singing of the mangroves

La Cridòria: confusió de veus

Souvenirs d'arbres

O álcool dos estados intermediários

Mellantingens alkohol

Aria

L'air

Diario de viaje a Camerún

Desde la ventana del sótano

Telemática

Aire

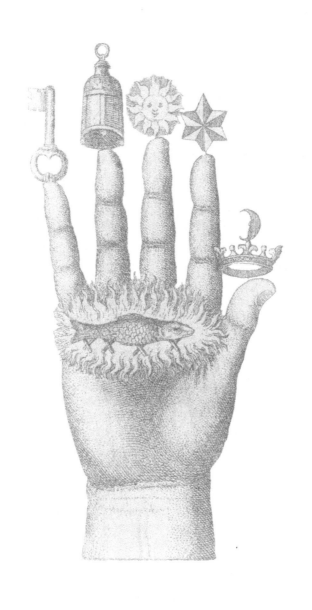

Made in the USA
Monee, IL
29 July 2024

62753896R00094